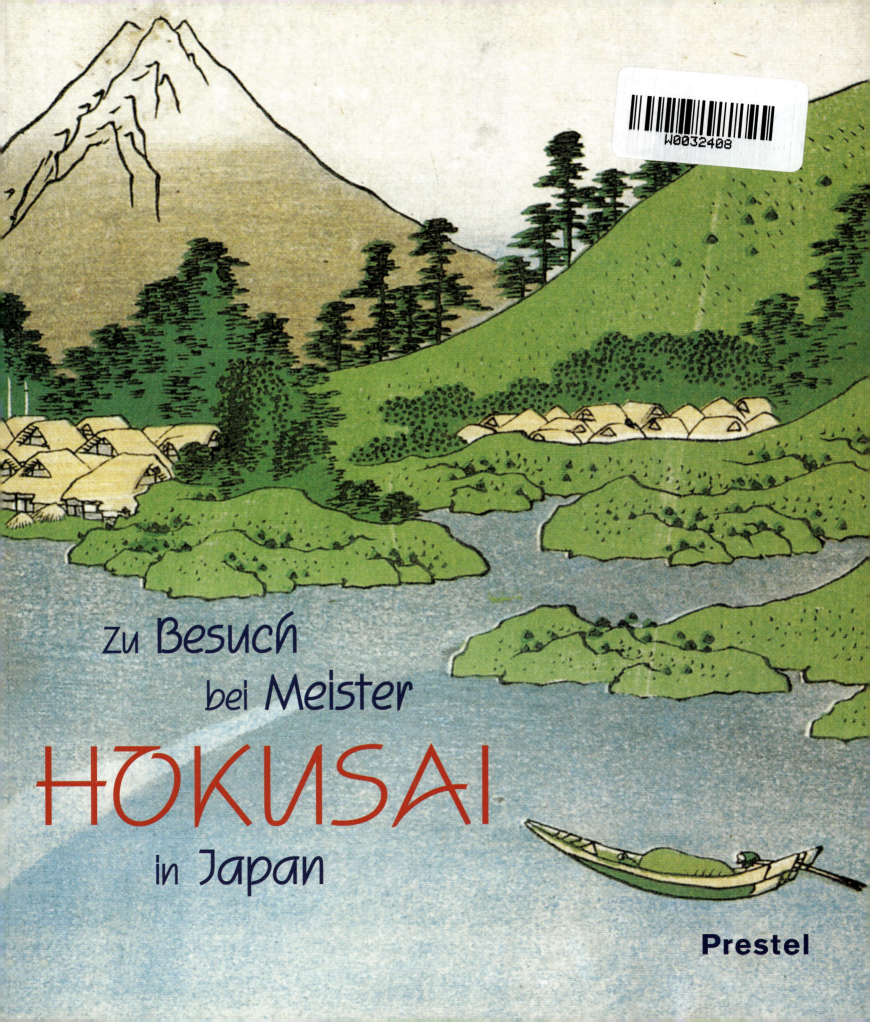

Zu Besuch bei Meister HOKUSAI in Japan

Prestel

Kiku und Yoshi dürfen heute ihren Großvater besuchen. Vor lauter Aufregung sind sie schon viel früher aufgewacht als sonst. Sie können hören, wie die Mutter in der Küche mit den Töpfen klappert und das Frühstück zubereitet. Es riecht nach frisch gekochtem Reis, nach Fisch und Gemüse. Yoshi knurrt der Magen. So etwas Leckeres gibt es sonst nicht, denkt er. Die köstlichen Dinge sollen die Kinder zu ihrem Großvater mitnehmen.

Yoshi schaut zu seiner Schwester Kiku. Sie ist schon unter ihrer Decke hervorgekrochen und zieht ihren Kimono an. Gerade hat sie sich die langen Gürtelbänder umgewickelt. Eilig steht Yoshi auch auf und zieht seine Kleider an.

Heute Morgen brauchen sie nur das Gesicht und die Hände zu waschen, denn gestern Abend sind sie im Badehaus gewesen und haben sich für den Besuch beim Großvater blitzblank geschrubbt.

Beim Frühstück schärft die Mutter ihnen noch einmal ein, dass sie bei Großvater nicht zu sehr herumtoben dürfen. Er ist manchmal etwas launisch und arbeitet den ganzen Tag von morgens bis abends. Jetzt ist er zwar schon über achtzig Jahre alt, aber er malt und zeichnet immer noch ganz viel. Kiku und Yoshi sind ungeheuer stolz auf ihren Großvater. Er heißt Hokusai und ist ein sehr berühmter Holzschnittkünstler und Maler. Viele Menschen in der Stadt kennen seinen Namen.

Als sie fertig sind, gibt die Mutter ihnen den Korb mit den Speisen. Der Weg ist nicht so weit und sie sind ihn mit ihrer Mutter schon oft gegangen. Heute dürfen sie erstmals ganz allein gehen. Obwohl es noch früh am Morgen ist, sind die Straßen schon voller Menschen.

Auf dem Sumida-Fluss, der mitten durch die Stadt fließt, fahren viele Boote. Die Stadt Edo, die heute Tokyo heißt, ist eine sehr große Stadt und es gibt viele Händler, die hier ihre Waren verkaufen wollen.

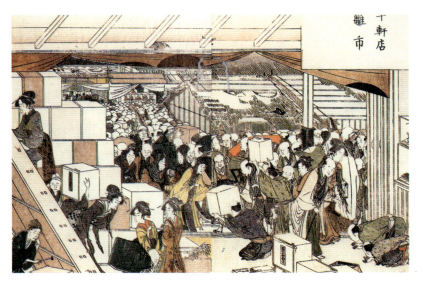

Auf ihrem Weg müssen Kiku und Yoshi ein paar Brücken überqueren. Die meisten Brücken in Japan sind aus Holz gebaut und ziemlich steil.

Auf einer Brücke steht oben in der Mitte eine schöne Dame in einem roten Kimono, der von einem blauen Gürtel zusammengehalten wird. In ihren Haaren stecken viele Haarnadeln. Sie lässt sich von den Menschen ringsum nicht stören und schaut ganz versunken in die Ferne. Dort hinten am Horizont ist der heilige Berg Fuji zu sehen, der von der Sonne rot angestrahlt wird.

Bei diesem Anblick muss Yoshi an die vielen Holzschnitte denken, die sein Großvater vom Fuji angefertigt hat. Das Bild mit dem roten Fuji ist sehr berühmt.

Plötzlich wird Yoshi von hinten angerempelt. Erschrocken dreht er sich um. Ein Mann schiebt ihn unsanft zur Seite, um Platz zu machen für ein paar Arbeiter, die großen Fässer vor sich herrollen.

Es ist anstrengend, denn die Fässer sind schwer und die Straßen ziemlich holprig. Yoshi schaut nach seiner Schwester, aber Kiku ist verschwunden. Aufgeregt läuft er zum anderen Ufer. Dort sind weniger Menschen unterwegs, aber Kiku kann er nirgends entdecken. Zögernd geht er ein paar Schritte am Ufer entlang. Da steht ein kleiner Tempel. Zwei Männer sitzen am Eingang und schauen ins Innere.

Vor dem Tempel geht ein Herr mit einer Dame spazieren. Yoshi traut sich jedoch nicht zu fragen, ob sie vielleicht seine Schwester gesehen haben. Unentschlossen dreht er sich einmal im Kreis. Plötzlich sieht er seine Schwester an einem Zaun, wie sie in das Innere eines Gartens späht. Schnell läuft er zu ihr und will sie schimpfen, aber da sieht er, dass sie der schönen Dame von der Brücke nachgelaufen ist, die gerade in das Haus gegangen ist.

Nun aber schnell, wir wollen doch zu Großvater! Wenn du immer wegläufst, kommen wir nie an." Seufzend lässt Kiku sich von Yoshi an der Hand weiterziehen. Große Brüder sind manchmal ganz schön lästig, denkt sie. An der nächsten Straßenecke sehen sie eine Menschenmenge, die sich um ein großes Tor versammelt hat. Neugierig drängen sie sich zwischen all den Leuten durch. In einem großen Park ist eine Bühne auf einem Hügel aufgebaut worden. Dort tanzen gerade zwei Damen mit bunt bemalten Fächern in der Hand. Ihre Haare reichen fast bis zum Boden. Begleitet werden sie von sechs Musikern, die hinter ihnen auf der Bühne sitzen. Verwundert schauen Kiku und Yoshi zu, denn so einen Tanz haben sie noch nie gesehen.

Doch plötzlich bemerkt einer der adligen Herren in dem Garten die unerwünschten Zuschauer am Tor. Wütend springt er auf und befiehlt seinen Dienern, das Tor zu schließen. Wie schade!, denken die Kinder.

Aber als sie über die Straße schauen, sehen sie auf der anderen Seite ihre Tante Oei. Sie war am Brunnen Wasser holen und trägt einen hölzernen Eimer in der Hand.
Die Kinder rennen zu ihr hinüber und begrüßen sie stürmisch.
Oei wohnt bei Großvater Hokusai und nimmt sie mit nach Hause.

Kiku und Yoshi freuen sich sehr auf ihren Großvater. Schnell laufen sie ins Haus hinein und rufen nach ihm. Hokusai sitzt in seinem Studio und ist ganz vertieft in seine Arbeit. Immer wieder taucht er den Pinsel in die Tusche und setzt sichere Striche auf ein Blatt. Zuerst können sie nicht so genau erkennen, was Hokusai malt, denn das Bild sieht ganz anders aus als alles, was sie vorher von ihm gesehen haben. Zögernd kommen sie etwas näher. „Ich hab's, es ist eine Landkarte", ruft Yoshi plötzlich.

Hokusai lässt vor Schreck fast den Pinsel fallen. Er war so mit seiner Landkarte beschäftigt, dass er die Kinder gar nicht bemerkt hat. Nun freut er sich, die beiden zu sehen. „Ich dachte schon, ihr kommt heute gar nicht mehr! Setzt euch zu mir." Er rückt den Reibstein, auf dem die schwarze Tusche mit etwas Wasser angerieben wird, und ein paar Papiere zur Seite und die beiden setzen sich.

Er zeigt ihnen die Karte, auf der die Ostmeerstraße, die die Städte Edo und Kyoto verbindet, dargestellt ist. Überall hat er die Namen der berühmten Orte in kleinen Kästchen dazugeschrieben.

Später ruft Tante Oei sie zum Essen. Sie hat den Korb mit den Speisen ausgepackt und alles für das Mittagessen vorbereitet. Nun merken Kiku und Yoshi erst, wie hungrig sie sind. Vor dem Essen waschen sie sich noch die Hände in einem kleinen Zuber. Während sie essen, reden die Erwachsenen nicht viel. Man hört nur an ihrem Schlürfen und Schmatzen, wie gut es ihnen schmeckt.

Yoshi schaut aus dem Fenster. Gegenüber ist ein großes Sägewerk. Dahinter befindet sich die Werkstatt des Verlegers Tsutaya, der schon viele von Hokusais Bildern gedruckt und verkauft hat. Yoshi denkt nur ungern an ihn.

Einmal war er dort mit seinem Großvater, der dem Holzschneider genaue Anweisungen gab. Yoshi langweilte sich. Er wollte lieber zusehen, wie die Abzüge von den Holzplatten gemacht werden. Doch die Drucker hatten auch keine Zeit für ihn. Sie druckten gerade ein Bild mit zwölf Farben. Dabei passten sie gut auf, dass die Blätter immer genau an die richtige Stelle auf die Holzblöcke für die einzelnen Farben gelegt werden. Yoshi wollte das alles besser sehen und kletterte auf einen hohen Kistenstapel. Da beugte er sich zu weit vor, der Stapel geriet ins Wanken und fiel um! Was für ein Durcheinander in der ganzen Werkstatt! Und wie der Verleger schimpfte!

Am liebsten würde Yoshi manchmal ganz weit weg gehen. Heimlich träumt er davon, ein Krieger zu sein und in die weite Welt zu ziehen. Dann hätte er ein eigenes Pferd und einen Diener, der ihn immer begleitet. Und natürlich würde er viele Abenteuer erleben und ein Held werden. Yoshis großes Vorbild ist der Held Kintaro, der als kleiner Junge mit seiner Mutter in den Bergen lebte und wilde Tiere zähmen konnte.

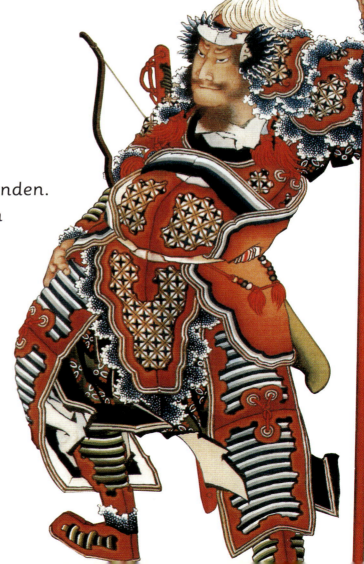

S chließlich wurde er dort von dem Fürsten Minamoto no Yorimitsu gefunden. Der nahm ihn mit an seinen Hof, gab ihm die besten Lehrer, und so wurde Kintaro ein bedeutender General.

A ußerdem konnte Kintaro mit Geistern und Dämonen kämpfen. Einmal hatte er einfach nur Bohnen nach den Dämonen geworfen und sie dadurch vertrieben.

Während Yoshi so vor sich hinträumt, erzählt Kiku Tante Oei von ihrer Mutter. Sie hat vor ein paar Wochen eine Wallfahrt nach Enoshima gemacht.

Enoshima ist eine kleine Halbinsel, auf der die Glücksgöttin Benten verehrt wird. Es befindet sich dort eine Höhle, in der eine Statue der Göttin aufbewahrt wird. Sie wird nur alle paar Jahre gezeigt und dann gibt es jedes Mal ein großes Fest.

Ein paar Tage später begleitete Kiku ihre Mutter zum berühmten Tempel in Asakusa, wo unglaublich viele Menschen waren, die alle vor der Haupthalle des Tempels beten wollten. Kiku fand das sehr aufregend. Besonders die vielen fliegenden Händler und die Mönche, die den Besuchern Amulette verkauften.

Es gab auch Schreiber, die für diejenigen, die nicht schreiben und lesen konnten, Briefe schrieben und vorlasen. Kiku wollte gar nicht mehr nach Hause, so viele interessante Dinge gab es hier zu sehen!

Großvater Hokusai hört Kiku aufmerksam zu. Dann streicht er durch seine wirren Haare und beginnt zu erzählen: „Ich bin auch immer gern unterwegs gewesen. Als junger Mann reiste ich auf der Ostmeerstraße bis nach Kyoto und Osaka." Die Kinder lieben es, wenn Großvater ihnen von dieser Reise erzählt. In seinem Studio bewahrt Hokusai in einer Kiste Bilder auf, die seine Reiseerlebnisse schildern. Er hat von jeder Poststation an der Ostmeerstraße Bilder gezeichnet, die die Wahrzeichen der jeweiligen Orte zeigen.

Meine Reise war noch recht anstrengend. Es gab nur wenige Pferde und Wagen. Mein Gepäck trug ich selbst auf dem Rücken. Und gefährlich war die Reise auch. In den Bergen musste man sich vor Räubern in Acht nehmen. Einmal wollte ich einen breiten Fluss überqueren. Aber es gab kein Boot. Und so ging ich bis zur nächsten Furt, wo Träger warteten. Sie trugen die Reisenden mit ihrem Gepäck über den Fluss. Die Strömung war jedoch an diesem Tag so stark und schnell und der Wasserstand so hoch, dass dem Träger das Wasser bis zum Hals reichte. Er drehte wieder um und ich musste mehrere Tage warten, bis ich endlich den Fluss durchqueren konnte."

Viele der Reisenden sind heute wie damals Händler", erzählt der Großvater weiter. „Sie verkaufen in den großen Städten ihre Waren. Da es friedliche Zeiten sind, ohne Krieg oder Aufstände gegen den Shogun, können die Kaufleute mit ihrem Handel viel Geld verdienen. Auch zahlreiche Pilger sind unterwegs, die berühmte Tempel, Schreine und die heiligen Wasserfälle aufsuchen. Manche machen aber nur Reisen zum Vergnügen. Sie reisen zu berühmten Orten, um dort Feste zu feiern oder die schöne Landschaft zu genießen. Zur Zeit der Kirschblüte kommen viele Menschen nach Yoshino, um dort die wie verschneit aussehende Landschaft zu bewundern."

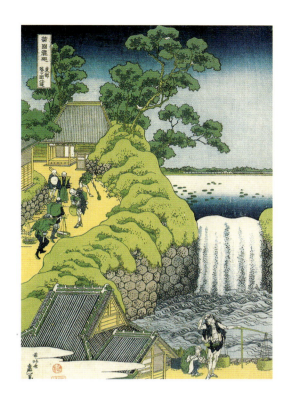

Hokusai erzählt am liebsten davon, was der Wind so alles anrichtete: „Einmal wurde der Sturm immer stärker und alle Menschen mussten ihre Hüte festhalten. Einer jungen Frau, die vor mir auf dem Weg ging, wehte plötzlich ihr Kimono ins Gesicht, sodass sie vor Schreck alle Papiere losließ, die sie bei sich trug. Das war ein lustiger Anblick, als die Papiere so hoch in der Luft tanzten!"

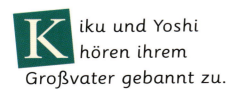

Aber nicht nur den Wind, auch das Meer liebt Hokusai sehr. „Bei Sturm werden die Wellen manchmal zu richtigen Bergen mit tiefen Tälern dazwischen. Das sieht nicht nur beeindruckend aus, sondern ist auch sehr gefährlich. Wenn die Fischer draußen auf dem Meer in einen Sturm geraten, können sie oft nicht rechtzeitig nach Hause zurückkehren. Als ich einmal selbst mit einem Boot gefahren bin, hat es so schrecklich geschaukelt, dass ich fürchterlich seekrank und ganz grün im Gesicht wurde."

Kiku und Yoshi hören ihrem Großvater gebannt zu.

"Es ist schon spät", hören sie plötzlich Tante Oei rufen, "ihr müsst jetzt nach Hause, bevor es dunkel wird." Hokusai schreibt schnell noch einen Brief an die Mutter und bedankt sich für das gute Essen. Als Geschenke für die Kinder steckt er noch ein paar Bilder in den Korb.

Eins davon ist ein Kartenspiel, das er extra für sie gemacht hat. Man muss das Blatt zerschneiden, dann kann man die Karten benutzen. Am liebsten würden Kiku und Yoshi es sofort ausprobieren.

Tante Oei gibt jedem von ihnen noch einen Kuchen in die Hand und ermahnt sie, nun schnell nach Hause zu laufen. Auf dem Rückweg lassen sich die beiden von nichts abhalten. Müde und glücklich kommen sie nach diesem langen Tag zu Hause an.

HOKUSAIS LEBEN

Hokusai, der berühmteste Künstler Japans, wurde 1760 in Edo unter dem Namen Nakamura Hachiemon als Sohn des Nakajima Ise geboren. Nach seiner Lehre als Plattenschneider wurde er mit 18 Jahren als Holzschnittdesigner in das Studio von Katsukawa Shunshô aufgenommen, wo er den Künstlernamen Shunrô erhielt. Da er sich für viele Kunststile interessierte, musste er schließlich das Studio verlassen.

Neben der chinesischen Malerei studierte er auch westliche Techniken. Für jeden neuen Stil oder auch ein besonderes Werk wechselte er den Künstlernamen, behielt aber immer offiziell den Familiennamen Nakajima. Häufig illustrierte er Werke befreundeter Künstler und Autoren wie Kyokutei Bakin und Ryûtei Tanehiko.

In den Jahren nach 1820 hatte er große familiäre und finanzielle Probleme, schuf zeitgleich allerdings einige seiner bekanntesten Werke wie die „36 Ansichten des Berges Fuji". Seine Tochter Oei kehrte nach ihrer Scheidung in den väterlichen Haushalt zurück. Seine Tochter O-Tatsu verschwand eines Sommermorgens. Hokusais ständige Umzüge und geringe Bezahlung führten zu dauernder Verschuldung. Ein besonderer Schicksalsschlag war schließlich der Brand seines Hauses im Jahre 1839, bei dem alle seine von Jugend an gesammelten Kunstwerke vernichtet wurden.

Zu dieser Zeit stellte er außer Büchern fast keine Einzeldrucke mehr her. Das berühmteste Werk sind die „100 Ansichten des Berges Fuji" in drei Bänden, die unter dem Künstlernamen Gakyô Rôjin Manji ‚Alter Mann verrückt nach Zeichnen' veröffentlicht wurden. Im Alter widmete er sich auf der Suche nach persönlicher Weiterentwicklung und Anerkennung verstärkt der Malerei. Die Malerei galt im Gegensatz zum Holzdruck als hoch stehende Kunstform.

Hokusai starb am 10.5.1849 in der Überzeugung, wenn er nur ein wenig mehr Zeit gehabt hätte, wäre er ein wirklich großer Künstler geworden.

GLOSSAR

ASAKUSA Stadtbezirk von Tokyo

BENTEN ODER BENZAITEN, gehört zu den sieben Glücksgöttern

EDO heute: Tokyo, japanische Hauptstadt, Sitz der Militärregierung / Shogunat in der Edo-Zeit (1603–1867)

ENOSHIMA kleine Halbinsel in der Nähe von Tokyo, auf der die Glücksgöttin Benzaiten verehrt wird

FARBHOLZSCHNITT (ukiyo-e) mehrfarbiger Holzdruck, der in zahlreichen Arbeitsschritten hergestellt wird. Das Motiv wird vom Künstler gezeichnet und die Vorzeichnung auf einen Holzblock gelegt. Der Plattenschneider schnitzt durch das Papier den Druckstock, sodass nur erhabene Holzstege übrig bleiben. Auf dem Abzug mit schwarzer Tusche, der vom Drucker hergestellt wird, markiert der Künstler die einzelnen Farben. Die Plattenschneider fertigen für jede Farbe einen eigenen stehenden Druckstock an, auf den das Papier aufgelegt und die jeweilige Farbe abgerieben wird. Etwa 150 bis 200 Abzüge können von einem Druckstock gemacht werden. Die fertigen Drucke werden vom Verleger verkauft

KIMONO japanisches Obergewand, das von langen Gürtelbändern zusammengehalten wird

KYOTO ehemalige Hauptstadt und kaiserliche Residenz

OSTMEERSTRASSE (Tokaido) eine der großen Überlandstraßen mit vielen Poststationen, die die Städte Edo und Kyoto miteinander verbindet

REIBSTEIN flacher Stein mit einer Vertiefung zum Anreiben der Tusche

SCHREIN Holzhäuser jeder Größe als „Wohnort" für die Gottheiten der japanischen Religion des Shintoismus.

TEMPEL heiliger Ort zur Verehrung der Gottheiten (hier: des Buddhismus)

TUSCHE besteht aus Ruß, Knochenleim und etwas ätherischem Öl, wird mit Wasser angerieben zum Schreiben und Malen verwendet

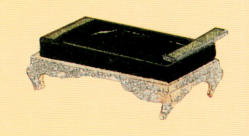